그 무엇보다 소중한 나

나를 지키는 어린이 인문학 01
그 무엇보다 소중한 나

초판 1쇄 발행 2017년 5월 30일
초판 6쇄 발행 2020년 4월 3일

지은이 이모령
그린이 장은경

펴낸이 이상순
주간 서인찬
편집장 박윤주
제작이사 이상광
기획편집 박월, 김한솔, 최은정, 이주미, 이세원
디자인 유영준, 이민정
마케팅홍보 신희용, 김경민
경영지원 고은정

펴낸곳 (주)도서출판 아름다운사람들
주소 (10881) 경기도 파주시 회동길 103
대표전화 (031) 8074-0082 **팩스** (031) 955-1083
이메일 books777@naver.com
홈페이지 www.books114.net

파본은 구입하신 서점에서 교환해 드립니다.
이 책은 저작권법에 의하여 보호를 받는 저작물이므로 무단 전재와 복제를 금합니다.

나를 지키는 어린이 인문학 01

그 무엇보다 소중한 나

글 이모령 · 그림 장은경

아름다운사람들

차례

1장 진짜 존중은 뭘까?
어느 아프리카 부족의 아름다운 존중   08
나를 믿는 마음, 존중   12

2장 세 가지 생각의 힘
생각하지 않는 죄   22
내 생각의 기준이 필요해   28

3장 나를 안다는 것
동물학교   38
왜 나를 잘 알아야 할까?   50

4장 사랑은 어떤 모습일까?

나를 바꿔 준 너   60
나를 지키는 가장 아름다운 방법   70

5장 그 무엇보다 소중한 나

신들은 어디로 숨었을까?   78
네 마음의 소리에 귀를 기울이렴   86

1장

진짜 존중은
뭘까?

어느 아프리카 부족의 아름다운 존중

어느 날 한 남자가 부족의 족장에게 소년을 고발했어요.
"족장님, 루카가 사냥이 금지된 시기에 숲에서 사냥을 했어요."
이 말을 들은 족장은 루카와 마을 사람들을 광장에 모이게 했어요. 그리고 사람들에게 이렇게 말했어요.
"여기 있는 루카가 마을의 규칙을 어기고 사냥이 금지된 시기에 숲에서 사냥을 했어요. 여러분 루카를 위해 이야기해 주세요."
"루카는 어린 동생을 잘 돌봐 줘요."
한 남자가 말했어요.

"그는 내가 무거운 짐을 들고 갈 때 제 짐을 같이 들어주었어요."
어떤 노인이 말했어요.
"루카는 재미있는 이야기로 우리를 즐겁게 해 줘요."
한 소년이 말했어요.
"그는 성실해요. 자기가 맡은 일을 끝까지 해내죠."
마을 사람들은 앞다투어 소년의 좋은 점을 이야기하기 시작했어요.

아프리카의 어느 부족의 이야기예요. 이 부족 사람들은 누군가가 잘못을 저지르면 이틀 동안 그를 에워싸고 이제까지 그 사람이 했던 좋은 일들을 다시 떠올리게 해주었어요. 이 부족은 '인간은 근본적으로 사랑과 평화를 얻기 위해 세상에 태어났기 때문에, 잘못을 저지르는 행동은 타인에게 도움을 요청하는 외침'이라고 생각했어요. 그래서 잘못을 저지른 사람을 도와주기 위해 그의 곁으로 가요. 하루 이틀 그의 마음 안에 아직 존재하는 선함

을 다시 되찾을 수 있도록 말이에요.

만일 우리가 친구나, 다른 사람, 혹은 나 자신의 잘못에 아프리카 부족처럼 대처한다면 우리는 얼마나 아름다운 세상에서 살게 될까요?

• 〈Parenting with Presence〉 중에서

나를 믿는 마음, 존중

　내 자신이 무언가를 잘하고 있을 때는 우리가 존중받는 것을 당연하게 여겨. 하지만 정작 우리가 실수하거나 잘못을 했을 때는 내 스스로도 나를 존중하지 않는 경우가 많아.

　내가 잘못을 저지를 때 '나는 혼나도 싸.'
　저 아이가 잘못을 저질렀으니까 '혼나는 건 당연해.'
　저 아이는 공부도 열심히 하지 않고 함부로 말하니까 '나도 저 아이를 존중할 필요는 없어.'
　이렇게 생각하기도 해.

하지만 정말 그럴까.

존중한다는 것은 나와 상대를 소중히, 귀하게 여기는 것을 말해.

그렇다면 귀하고 소중하게 대하려면 어떻게 해야 할까?

바로 어느 아프리카 부족처럼, 내가 훌륭하고 멋진 행동을 할 때뿐 아니라, 잘못된 행동을 할 때라도, 혹은 내가 부족하더라도, 그 어떤 경우라도 우리는 존중받을 가치가 있는 사람이란 걸 믿어야 해.

왜일까?

사람은 누구나 완전하지 않기 때문이야. 게다가 우리는 아직 어려. 그래서 계속 잘할 수만은 없어. 어른이 되기 전에는 어쩌면 실수하고 잘못하는 일이 더 많을 거야. 그럴 때마다 나를 형편없는 사람으로 여겨서는 안 돼. 나 자신을 형편없이 여기면 다른 사람도 나를 그렇게 대할 수 있어.

　누구든 실수를 할 수 있고 잘못을 할 수 있어. 하지만 모든 사람의 마음속에는 우리를 잘못하게 이끄는 미움, 질투, 짜증, 욕심…… 이런 것보다 사랑, 희망, 감사, 용기, 배려, 인내, 노력, 정직 같은 아름다운 것들이 훨씬 많이 있지. 그래서 우리는 솔직하게 잘못을 인정하고 더 좋은 선택을 할 수 있어. 그리고 그런 잘못과 실수들이 결국 우리를 더 나은 사람으로 만들어 준단다. 실수하지 않고 배울 수는 없으니까. 그렇기 때문에 내가 실수를 하거나 잘못을 저질렀다 하더라도 다른 사람들이 날 함부로 대하는 것을 당연히 여겨서는 안 돼.

　친구들이 이유없이 네게 나쁜 말을 할 때
　넌 침착하게 말할 수 있어야 해.
　나쁜 말을 들으면 날 함부로 대하는 것 같아 속상하다고.
　날 존중해 줬으면 좋겠다고.
　혹은 널 놀리거나 네가 싫다는 것을 자꾸 할 때

넌 침착하게 말할 수 있어야 해.

너는 장난 삼아 하는 말과 행동들일지 모르지만

내가 싫어하는 일을 자꾸 하면 날 존중하지 않는 것 같아 화가 나.

나는 널 존중하니까 네가 싫어하는 행동들을 하지 않으려고 노력할 거야.

그러니 너도 날 존중해 줬으면 좋겠어.

나는 네가 그럴 수 있는 친구라고 믿어. 네 마음속에도 존중과 사랑이 있으니까.

너보다 똑똑해 보이거나 나이가 많다고 네 의견을 존중하지 않고 마음대로 하려고 할 때,

넌 침착하게 말할 수 있어야 해.

내 생각을 존중해 달라고,

내 생각이 틀릴 수도 있지만 나는 실수를 통해 배울 수 있을 거라고.

그러니 내 생각대로 해 보고 싶다고.

네가 잘못을 저질렀거나, 실수한 것을 이유로 널 비난하거나 함부로 대하는 사람이 있다면 넌 침착하게 말해야 돼.

내 잘못을 인정하지만 그것 때문에 네가 날 함부로 할 순 없다고,

나도 완벽하지 않으니까 잘못을 할 수도 있어. 하지만 나는 그것을 고쳐 가려고 노력할 거고

네가 날 존중하고 기다려 줄 때 나는 더 잘할 수 있다고 말이야.

왜냐하면 난 어떤 경우에도 존중받아 마땅한 사람이고 난 그 어떤 것보다 소중하며,

난 더 나은 선택을 할 수 있는, 마음속 보석이 가득한 사람이니까.

이렇게 소중한 우리가 실수나 잘못 때문에 덜 소중해지는 건 아니니까.

우리가 자신을 존중하고 사랑받을 가치가 충분한 사람이라고 믿을 때, 비로소 우리는 다른 사람도 기꺼이 존중하고 사랑할 수 있단다.

내가 어떤 순간에도 존중받기를 원한다면 다른 사람들 또한 마찬가지일 거야. 그러니 다른 사람의 잘못이나 실수 앞에서도 그 사람을 비난하거나 미워하기보다 내가 화가 나는 마음을 솔직하게 말하고 그 사람도 너처럼 자신의 잘못이나 실수를 고쳐 갈 수 있다고 믿어 주어야 한다는 걸 알 수 있어.

생각해 보렴. 대부분 우리가 화나거나, 우리 마음이 상처를 입는 건 우리가 존중받지 못한다고 생각하기 때문이야.

친구들이 내 앞에서 귓속말을 할 때, 귓속말을 하는 것 그 자체보다 날 무시한다는 생각이 들어서 화가 나는 거란다. 내가 아끼는 물건을 함부로 하는 건 날 존중하지 않는다는 생각이 들어서야.

쉬고 싶을 때나 다른 무언가를 하고 싶은데, 엄마가 빨리 뭘 하라고 하면 우린 엄마에게 짜증을 내. 그건 엄마가 내 의견을 존중하지 않는다는 생각이 들어서 그럴 때가 많아. 하지만 내 마음을 침착하고 친절하게 전달하지 않으면 상대방은 잘 알지 못할 수도 있어.

그럴 때는 싸우려 하기보다, 침착하게 네가 진짜 화가 나는 이유를 말하고 날 존중해 달라고 해야 한단다. 그리고 나는 존중받을 때 더 잘할 수 있는 사람이라고 말할 수 있어야 해.

기억해.

우리가 존중받는다는 것은 잘할 때만 존중받는 게 아냐. 잘못할 때나 실수를 할 때도 우리는 존중받아야 해. 사람은 누구나 완전하지 않으니까.

진짜 존중은 잘하고 잘못하는 데 따라 달라지는 게 아니라 어느 순간, 어떤 사람에게도 존중받고 사랑받는 것을 말해. 우린 어떤 순간에도 소중한 사람이니까.

2장

세 가지 생각의 힘

생각하지 않은 죄

　2차 세계대전 때에 수많은 유태인을 죽인 히틀러에 대해 들어봤나요?
　1933년 독일의 수상자리에 오른 히틀러는 자신이 속한 게르만족이 가장 우수한 인종이기 때문에 다른 민족을 지배할 사명을 가지고 있고 이와 반대로 유대인들을 가장 열등하고 해로운 인종으로 지목하여 우수한 민족이 감염되지 않기 위해 유대인들을 격리시키거나 없애야 한다고 주장했어요.
　이 때문에 2차 세계대전이 일어난 후 히틀러에 의해 죽어간 유대인은 600만 명이 넘었고 가장 악명 높았던 아우슈비츠 수용소에서만 400만 명의 유대인들이 희생되었어요.

아우슈비츠에 끌려온 유대인들은 강제노동과 영양실조, 전염병으로 죽거나 샤워실이라는 가짜 팻말이 붙은 독가스실에서 죽임을 당했어요.

2차 세계대전이 끝난 뒤 독일인들은 오랜 시간 동안 그때의 잘못을 사죄해 왔고 후손들에게도 잘못된 행동을 하면 책임을 져야 한다고 끊임없이 교육하고 있어요.

독일 총리들은 희생자들에게 사죄하며 무릎을 꿇었고 금전적인 보상을 하는 한편 유대인 학살 추모관을 건립하여 자신들의 죄를 잊지 않기 위해 애쓰고 있어요. 또 전쟁과 학살을 주도한 범죄자들을 찾아내 처단했으며, 오늘날까지도 잡히지 않은 범죄자들을 추적해 처벌하려는 노력을 계속하고 있어요.

클레멘트라는 독일인도 유대인 학살을 주도한 범인 중 한 사람이에요. 오랫동안 잡히지 않고 도망다녔지만 독일 정부는 그를 찾는 것을 포기하지 않았어요. 클레멘트는 죽음의 수용소 아우슈비츠를 기획하고 유대인들을 이송시킨 총책임자예요.

아이히만이라는 가짜 이름을 쓰며 도망다니던 클레멘트는 16년 간의 추적 끝에 마침내 체포되어 1961년 예루살렘의 법정에 섰어요. 사실 전쟁 범죄자 재판은 1945년부터 진행되어 왔고 수많은 범죄자들에 대한 사형과 처벌이 있었어요. 그런데 유독 아이히만의 재판에 많은 사람들의 관심이 집중되었어요.

그 이유는 아이히만은 지적인 능력이 부족한 사람도 아니고, 괴물처럼 포악한 사람도 아닌 우리 주변에서 흔히 볼 수 있는, 우리와 다를 바 없는 그저 평범한 사람처럼 보였기 때문이었어요.

또 하나의 이유는 아이히만의 태도 때문이었어요.

그는 자신의 행동에 전혀 뉘우침이 없었고 오히려 히틀러의 명령을 충실히 따랐을 뿐이라며 자신을 변명했어요.

"저는 그저 공무원이었을 뿐입니다.

저는 유대인을 직접 죽인 적이 단 한 번도 없었습니다.

저는 유대인에 대한 증오와 악감정이 있었던 것이 아니라 단지 상부의 명령을 받고 수행했을 뿐입니다."

전혀 죄책감을 느끼지 않는 아이히만의 태도는 세상을 깜짝 놀라게 했어요.

그는 자신의 행위를 반성하기보다는 오히려 그것이 자신의 의무였다고 주장했어요.

그의 모습을 보며 결국 재판에서 검사가 아이히만에게 붙인 죄명은 바로 '생각하지 않은 죄'였어요.

생각하지 않은 죄는,

'옳지 않다는 것을 알고도 옳지 않다고 말하지 않은 죄, 옳지 않은 것을 알면서도 행한 죄'를 말해요.

결국 생각하지 않는 죄란 누구든 그렇게 할 수 밖에 없었더라도 그것이 옳지 않음을 안다면 그 반대의 입장을 생각하고 말하고 행동했어야 한다는 것이에요.

재판에 참여한 여섯 명의 정신과 의사는 아이히만을 보고 너무도 정상적이며 심지어 준법정신이 투철한 국민이었다고 말했어요.

아이히만의 이야기로 우리는 이처럼 평범한 사람도 옳고 그름을 분별할 자신의 생각이 없으면 언제든 악인이 될 수 있다는 것을 깨달을 수 있어요.

내 생각의 기준이 필요해

생각하지 않는 죄, 정말 무시무시한 죄가 되었어.

생각이 없다는 것은 우리를 단숨에 악당으로 만들 수 있다는 것을 알게 되었을 거야.

만약 아이히만이 유태인을 죽음의 수용소로 몰아가기 전에 자신이 유태인이라면 어땠을지 한번만 진지하게 생각해 보았다면 어땠을까?

이런 일은 단지 아이히만의 이야기 속에서만 존재하는 것이 아니야.

힘없는 친구를 놀리거나 따돌리는 것, 화가 난다고 약한 상대를 괴롭히는 것,

또 다른 친구들이 그렇게 할 때 모르는 척하는 것, 그런 일들은 다 깊게 생각하지 않은 행동일 거야.

누구를 싫어할 수는 있을 거야. 그러나 그것을 어떤 행동으로 옮겨 다른 사람에게 상처를 주는 것은 생각의 힘으로 막을 수 있어야 해. 내가 하는 말과 행동이 상대에게 어떤 아픔을 주는지, 만약 내가 그대로 당한다면 어떨지 우리는 생각할 수 있어야 해.

그럼 도대체 생각이라는 것은 구체적으로 어떤 역할을 할까?

생각은 먼저, 옳고 그름을 분별하는 거야.

바로 내가 하는 말과 행동이 다른 사람에게 피해를 주거나 상처를 주는 것이 아닌지 생각해 보는 거야. 즉, 내가 좋은 것이 남에게도 좋은 것인지 생각해 보는 거지.

두 번째로 생각은, 어떤 것이 더 나은 선택인지, 어떤 것이 날 더 나은 사람으로 만드는지 판단할 수 있어.

나를 지키기 위해서는 옳고 그른 것을 분별하는 것 뿐

아니라 더 나은 것을 선택하는 능력도 필요해. 누군가에게 피해를 주는 것은 아니라도 나를 망치는 것들을 선택하지 않는 생각의 힘이 필요해.

하루 종일 컴퓨터 게임을 하거나 핸드폰을 하면 재밌을 수는 있을 거야. 하지만 내게 도움이 되는 선택은 아닌 것처럼 말이야. 우리는 그 시간에 더 나은 것을 선택할 수 있을 거야. 당장 재밌긴 하지만 이것이 내게 도움이 되는 행동인지 아닌지. 그런 생각을 통해 우리는 더 나은 것을 선택할 수 있어.

세 번째도 참 중요해. 생각을 할 때 내가 진짜 원하는 것이 무엇인지 생각할 줄 아는 게 중요해.

내가 하는 말과 행동이 정말 내가 원하는 것인지, 다른 사람들이 하니까 그렇게 하는 것인지 생각해 보는 거야.

또 어떤 행동을 두려워서 하는 것인지 내가 진정으로 원해서 하는 것인지 생각할 수 있어야 해.

친구들에게 따돌림을 당할까 봐, 부모님이 실망하실까 봐, 혹은 선생님께 혼날까 봐, 두려워서 하는 선택이 아

니라 내가 원해서 해야 돼. 실제로 널 사랑하는 친구나 부모님, 선생님이 진짜 바라는 건 네가 스스로 원하는 걸 선택하는 거야. 그런 것을 생각할 수 없으면 그저 남들의 생각과 행동을 따라하다가 자신을 잃어버릴 수 있거든. 누구나 내 생각, 내 느낌이 있더라도 표현하지 못하고 다른 사람의 의견을 그냥 따르는 경우도 많을 거야. 하지만 그런 것이 잦아지면 자신이 뭘 좋아하는지, 뭘 원하는지 잊어버리게 된단다.

이제부터 어떤 행동이나 선택을 하기 전에 이 세 가지를 꼭 기억하렴. 이것이 옳은지, 그른지, 또 나를 더 나은 사람으로 만들어 주는지, 내가 진정으로 원하는 것인지, 생각해 보렴.

옳고 그름을 판단할 수 있는 힘이 우리에게는 있단다. 더 나은 것을 선택할 수 있는 힘이 우리에게는 있단다. 그것이 진짜 내가 원하는 것인지 다른 사람이 네게 원하는 것인지 구별할 수 있는 힘이 우리에게는 있단다. 이 세 가지를 양심과 의지, 그리고 신념이라 부른단다.

  내게 좋은 것이 남에게도 좋은 것인지

  지금 즐거운 것이 나에게 도움이 되는 즐거움인지

  이 문제에서 나의 생각이 무엇인지

  생각하고 행동하는 것이 바로 생각의 힘이란다.

  이런 생각의 힘이 바로 우리를 지켜 주는 것들이란다.

3장

나를 안다는 것

동물학교

어느 숲속 마을에 동물들이 살고 있었어요. 맑은 샘과 맛난 열매, 마음껏 뛰어놀 수 있는 숲이 있어 어린 동물들은 하루하루가 즐거웠어요. 하지만 어른 동물들의 생각은 좀 달랐지요.

"이대로 있다가는 다른 마을에 뒤처지고 말 거야."

어른 동물들은 모여서 오랫동안 회의를 했어요. 그리고는 마침내 학교를 세우기로 결정했어요. 학교에서 가르칠 과목으로는 수영과 달리기, 멀리뛰기, 날기 등을 정했어요. 하지만 정작 학교를 다닐 어린 동물들에게는 그 어떤 의견도 묻지 않았어요.

학교가 세워진다는 소식에 어린 동물들은 기뻐서 잠을 자지 못할 정도였어요.

"와, 학교가 생기면 얼마나 재밌을까?"

"맞아, 얼른 학교가 생겼으면 좋겠어."

이 소식은 다른 마을에까지 퍼져 나갔어요.

"학교에 들어가면 더 많은 친구를 사귈 거야."

"나는 춤을 좀 배우고 싶어."

심지어 캥거루와 펭귄은 학교에 다니려고 이사까지 왔어요.

드디어 학교가 문을 열었어요.

그러나 사자는 교실로 들어가기도 전에 운동장에 서서 벌을 받아야 했어요. 학교의 규칙에 따라 학생들은 모두 머리카락을 짧게 잘라야 했는데, 사자는 멋지게 휘날리는 자신의 갈기를 자르지 않았던 거예요.

"제 말을 좀 들어 보세요. 제 갈기는 아무에게도 피해를 주지 않아요. 이건 저만의 개성인걸요. 공부도 열심히 할 테니 허락해 주세요."

학교는 사자의 애원을 받아들이지 않았어요. 학교의 선생님은 그 자리에서 바로 사자의 갈기를 짧게 잘라 버렸어요. 사자는 갈기가 숭덩숭덩 잘린 채, '쪼그려 뛰기'로 운동장을 다섯 바퀴나 돌아야 했어요.

기다리던 수업이 시작되었어요.
첫 수업은 수영이었어요.
백조는 멋진 수영 실력으로 칭찬을 받았어요.
"어쩜 저렇게 우아하고 아름답게 헤엄을 칠 수가 있지?"
모두들 백조를 부러워했어요.
그러나 백조는 달리기 과목이 문제였어요. 백조는 자신의 발은 원래 물갈퀴 모양이라 헤엄치는 데는 좋지만 땅에서는 잘 달릴 수 없다고 말했어요. 하지만 아무 소용이 없었어요.
결국 백조는 방과 후에 남아 텅 빈 운동장에서 달리기를 배워야 했어요.

'뒤뚱뒤뚱, 뒤뚱뒤뚱, 철퍼덕!'

'뒤뚱뒤뚱, 뒤뚱뒤뚱, 철퍼덕!'

백조는 빨리 달리려 했지만, 그럴수록 마음이 급해져 자꾸만 넘어졌어요. 엉덩이는 시커멓게 멍이 들고 발은 온통 상처투성이가 되었지요. 백조는 상처 난 발 때문에 잘하던 수영마저도 제대로 할 수 없게 되었어요.

"난 왜 이렇게 달리기를 못할까!"

어느 순간 백조는 자신이 수영을 잘했으며, 얼마나 아름답고 우아했는지조차 모두 잊어버리게 되었어요.

한편 타조는 달리기를 아주 잘했어요.

길고 쭉 뻗은 두 다리로 휙휙 시원하게 달렸지요.

순간적으로 속도를 높여서 아주 빠르게 달릴 수도 있었어요. 긴 다리를 이용해 멀리뛰기에서도 꽤 괜찮은 점수를 받았어요.

하지만 날기 과목이 문제였어요.

"너는 날개가 있는데 왜 날지 못하는 거냐? 노력을 해

야지, 노력을!"

선생님의 꾸중에, 타조는 날개를 펼쳐 보이며 억울하다는 듯 말했어요.

"날개는 있지만, 제 날개는 하늘을 나는 날개가 아니에요."

"변명은 필요 없어. 날개가 있으면서도 하늘을 못 난다는 게 말이 되니?"

타조는 100점 만점에 10점을 받았어요. 아예 날개가 없어 날지 못하는 다른 학생들보다 더 형편없는 점수였어요.

"똑같이 날지 못했는데 왜 제 점수만 더 낮나요?"

"너는 날개가 있는데도 노력하지 않는 불성실한 학생이기 때문이지."

타조는 선생님의 대답에 할 말을 잃었어요.

캥거루는 학교에서 멀리뛰기를 가장 잘했어요. 선생님보다도 더 멀리 뛸 수도 있었어요. 하지만 달리기 시간에

는 항상 지적을 받았어요. 두 발을 한데 모아 뛰는 자세 때문이었어요.

"너는 왜 폴짝폴짝 뛰는 거니? 달리기는 발을 번갈아 뛰어야 하는 거야. 이건 멀리뛰기가 아니라고."

"저는 번갈아 뛰는 것보다 두 발을 모으는 편이 훨씬 편하고 빠른 걸요."

학교는 두 발을 모으고 달리는 방법을 인정하지 않았어요. 캥거루는 다른 학생들처럼 한 발씩 번갈아 뛰는 방법을 연습해야 했어요. 그토록 잘하던 멀리뛰기 과목까지 포기해 가며 연습에 매달렸지요.

그러다 결국 발목을 다쳐 병원에 입원하고 말았어요.

날기 과목에선 단연 독수리가 최고였어요.

높고 빠르게 날 뿐만 아니라, 하늘 높이 날다가도 갑자기 수직으로 재빠르게 내려올 수도 있었어요. 하지만 독수리의 날기 점수는 70점밖에 되지 않았어요.

독수리는 선생님께 따져 물었어요.

"저는 우리 학교에서 날기로는 최고인데 어째서 점수는 70점인가요?"

"네 날갯짓은 너무 산만해. 게다가 위협적이기까지 하잖아."

"하지만 이건 제가 나는 방식이에요. 게다가 저는 누구보다 빠르게 내려올 수도 있다고요."

"누구보다 빨리 내려오면 뭐하니, 그건 시험 과목에 없는데."

독수리는 도무지 납득할 수 없었어요. 그래서 시험 점수가 잘못됐다며 항의했지요. 그러자 선생님은 독수리에게 한 달 동안 뒷동산 청소를 시켰어요. 독수리는 부리로 뒷동산 잡초를 뽑으며 결심했어요.

'두고 봐, 앞으로는 절대 열심히 수업을 듣지 않을 거야. 비뚤어질 거라고.'

누구보다 높고 빠르게 나는 능력을 가졌던 독수리는 그 뒤로 문제아로 찍혀 학교의 골칫덩이가 되고 말았어요. 곰 선생님은 점점 비뚤어져 가는 독수리가 너무나 안타까웠어요. 독수리가 가진 특별한 능력을 살려 주고 싶었지요. 그래서 학교에서 치르는 시험을 보는 대신 독수리의 '하늘을 날다 빠르게 내려오기' 능력을 특기로 인정해 주자고 했지만 거절을 당했고, 이 일로 인해 곰 선생님은 학교에서 쫓겨나고 말았어요. 곰 선생님과 뜻을 같이했던 몇몇 선생님들도 학교를 떠나야 했어요.

그렇게 시간이 흘렀어요. 동물학교의 1등은 수영도 어느 정도 하고 날기도 그럭저럭, 달리기도 그럭저럭, 멀리 뛰기도 그럭저럭할 줄 아는 펭귄이 차지했어요.
꼴등은 누가 했을까요?
바로 올빼미였어요.
모든 수업이 낮에 이루어지는 바람에 아무것도 할 수가 없었거든요.
한편 너구리와 여우와 오소리는 동물학교에 입학조차 하지 못했어요. 땅굴을 파는 동물들을 받아 주지 않았기 때문이에요. 학교 운동장을 멋대로 파 버리면 곤란하다는 이유였어요.
동물학교 1회 졸업식 날, 학교에는 많은 손님들이 왔

어요. 심지어 방송국에서도 촬영을 나왔어요. 학생들은 마치 학교의 일부가 된 듯 가지런히 줄지어 서 있었어요.

"철없는 망아지 같던 우리 아이들이 이렇게 어른스러워졌군요."

어른들은 마치 한 몸처럼 모두 차렷 자세를 한 채, 입을 모아 졸업가를 부르는 학생들을 뿌듯한 눈으로 바라보았어요.

1등을 한 펭귄은 졸업생 대표로 축사를 읽었어요. 졸업식이 끝나자 기자들이 물었어요.

"이번에 1등을 한 비결이 뭡니까?"

"학교가 시키는 대로만 했을 뿐이에요."

"그럼 가장 아쉬웠던 점은 무엇인가요?"

"춤을 좀 배우고 싶었는데 그런 건 전혀 배울 수 없었어요."

그러자 기자들이 고개를 갸우뚱하며 다시 물었어요.

"춤을 배우고 싶다고 말하지 그랬나요?"

펭귄이 무덤덤하게 대답했어요.

"어느 순간부터 학교는 원래 그런 곳이라는 생각이 들었어요. 그게 또 제일 편했거든요."

실망한 기자들은 그럼 이제 앞으로 무엇을 할 계획인지 물었어요. 그러자 펭귄은 망설임 없이 말했어요.

"캥거루의 병문안을 갈 거예요. 1등을 하려고 애쓰느라 한 번도 가 보지 못했으니까요."

• 〈아름다운 어른이 되는 생각 습관〉 중에서

왜 나를
잘 알아야 할까?

나를 안다는 것은 뭘까?

앞에서 소개한 동화를 읽으면서 조금은 알게 되었을 거야.

우리는 다른 사람들과는 다른 무언가를 다 가지고 태어난단다.

타조처럼 빨리 달릴수도 있고, 백조처럼 날개짓이 우아할 수도 있고 독수리처럼 높이 날 수도 있어.

우리도 마찬가지야. 새로운 것을 만드는 것을 좋아할 수도 있고, 아름다운 음악을 사랑할 수도 있고, 축구를 좋아할 수도 있고, 남을 돕는 것을 좋아할 수도 있고, 글

쓰는 것을 좋아할 수도 있어. 이처럼 우리는 다른 사람과 다른 나만의 특징이 있어. 친구들과 함께 놀다 보면 내가 어떤 친구와도 똑같지 않다는 것을 느낄 거야. 비슷할 수는 있지만 나와 똑같은 사람은 세상에 하나도 없다는 것을 알게 돼. 그렇게 다른 누구와도 다른 나를 안다는 것은 참으로 소중한 거야.

 사자와 타조, 캥거루, 백조가 자신이 가진 가장 아름답고 소중한 것이 무엇인지 알고 그것을 사랑했다면 어땠을까?

 또 학교가 그들의 아름다움과 다름을 소중히 다루고 더 빛나도록 도와주었다면 어땠을까?

 우리도 마찬가지일 거야.

 난 좀 느린 편인데 자꾸 빠른 것이 좋다고 따라가려고만 하면 어떨까? 느리다는 것은 어쩌면 꼼꼼하고 철저하기 때문일 텐데, 그런 장점은 뒤로하고 느린 것만 탓하면 어떻게 될까? 세상에는 빨라야 좋은 일도 있지만 꼼꼼하고 빈틈이 없어야 좋은 일도 많아. 느린 것을 탓하기보다 내가 가진 꼼꼼하고 빈틈없는 점을 소중히 여긴다면 다른 사람의 빠른 것을 굳이 부러워할 필요도 비교할 필요도 없을 거야.

'난 좀 느리지만, 꼼꼼하고 실수를 잘 하지 않잖아'라고 생각하는 거야.

빠른 것과 꼼꼼한 것은 비교할 필요가 없는, 둘 다 좋은 장점이니까.

어른들이나 선생님들이 많이 하는 말이 있단다.

자신을 사랑하라고.

그런데 자신을 사랑한다는 것은 무엇을 말하는 걸까?

자신을 사랑한다는 것은 아마 자신을 제대로 아는 것에서부터 출발할 거야. 그리고 내가 아는 나를 있는 그대로 소중히 여기는 것이 아닐까 생각해.

조금 느린 나도, 때로는 내가 가진 것이 특별해 보이지 않더라도, 꼭 대단해 보이지 않는다 하더라도 있는 그대

로의 나를 사랑하는 것.

엄마가 널 사랑할 때, 공부를 잘해서 사랑하는 게 아니라 그냥 너라서 사랑하는 것처럼 말이야.

그림 그리기를 좋아하고, 친구들과 함께하는 것을 좋아하고, 엄마 마음을 잘 알아주는 나,

그런 나를 사랑하는 거지.

하지만 나 자신에게 못마땅한 점도 있을 거야.

가끔 거짓말을 하기도 하고, 친구에게 화를 내기도 하고, 해야 할 일을 미루기도 하고, 내 생각을 당당하게 말하지 못할 때도 있고……,

그럴 땐, 그런 나를 탓하기보다 '아, 내가 이럴 때 거짓말을 하는 구나, 이럴 때 화가 나는 구나, 이런 일들은 자꾸 미루고 싶어하는 구나, 또 내 생각이 틀릴까 봐 걱정하는 구나…….'

이렇게 먼저 나를 이해해 주렴.

너 자신을 못마땅해 하기보다 자신을 제대로 이해할 때, 어떻게 변해야 할지 그 방법도 찾을 수 있어.

그리고 내가 가진 모습 중에 꼭 고치고 싶은 부분이 있다면 못마땅한 어제의 나, 그것을 이해하는 오늘의 나, 조금 달라질 내일의 나를 비교해 보렴.

아마 조금씩 나아지고 있다는 것을 느낄 거야. 그러다 보면 조금씩 나아지려고 애쓰고 노력하는 너를 사랑할 수 있을 거야.

우리가 그 누구보다 나에게 관심을 가지고 나를 알아가야 하는 이유는 바로 날 제대로 이해하고 사랑하기 위해서란다. 그럴 때 내게 맞는 선택을 잘할 수 있단다.

타조는 빨리 달릴 수 있지만 세상에서 제일 빨리 달릴 수 있는 건 아니야. 그럼에도 불구하고 타조가 자신의 빠른 다리를 사랑할 수 있었다면 어땠을까? 백조가 조금 느리지만 아름답고 우아한 자신의 날갯짓을 소중히 여겼다면 어땠을까? 사자가 자신의 갈기를 그 누구보다 자랑스럽게 여겼으면 어땠을까? 독수리가 높이 나는 자신의 능력을 더 없이 사랑했다면 어땠을까? 펭귄은 특별히 잘하는 건 없지만 다친 친구를 사랑하는 마음이 있었어. 그런 따뜻한 마음의 자신을 깊이 사랑했다면 어땠을까.

  학교 졸업식날, 줄은 삐뚤빼뚤했을지 몰라도 모두 자신을 자랑스럽게 여기고 서로의 다른 모습을 격려하고 아끼는 축제와 같은 졸업식이 되었을 거야. 그리고 스스로에게 자랑스럽고 당당하게 모두 일등상을 주었을 거야.

  이제부터는 그 누구보다 자신에게 관심을 가지렴. 내가 어떨 때 기쁘고 즐겁고 행복한지, 내가 무엇을 할 때 가장 신이 나는지, 내가 어떤 것을 가장 중요하게 생각하는지, 나는 어떤 친구를 좋아하는지, 내게 어떤 장점이 있는지, 어떤 멋진 마음이 있는지, 내게 어떤 멋진 생각이 있는지, 어떨 때 내 마음이 뿌듯한지, 어떨 때 슬프고 아픈지, 내가 진짜 되고 싶은 모습은 어떤 모습인지. 그런 모든 것이 바로 너 자신이란다.

  그런 너 자신을 이제 마음껏 좋아하고 사랑하렴.

4장

사랑은
어떤 모습일까?

나를 바꿔 준 너

초등학교에 톰슨 선생님이 새로 전임해 5학년 담임을 맡고 첫날 교실 강단에 섰어요. 그리고 반에 있는 어린 아이들에게 거짓말을 했어요.

"선생님은 이 반에 있는 모든 학생들을 똑같이 사랑한단다."

하지만 그렇게 한다는 것이 늘 가능한 일은 아니었어요. 특히 맨 앞줄에 앉아 있는 한 아이가 있었는데 무척 신경에 거슬렸어요. 그 아이의 이름은 테디 스토다드(Teddy Stoddard)였어요.

톰슨 선생님은 그 아이의 생활기록부를 살펴보았는데, 아이들하고 잘 어울리지 않는다고 기록되어 있었어요. 그리고 나서 그 아이의 옷을 보니까 늘 더럽고 목욕도 제대로 하지 않는지 냄새가 났어요. 주위에 서성거리는 것조차 즐거운 일이 아니었지요.

여러 이유로 테디의 생활기록부에 붉은 글씨로 'X' 자를 치고 'F'란 점수를 줄 수밖에 없는 상황이었어요. 문득 전에 근무하던 곳에서 모든 학생들의 개인적인 상황을 잘 살펴보고 판단하라는 가르침이 떠올랐지요. 그래서 테디의 경우를 맨 마지막으로 미뤄 놓고 다른 아이들 것을 먼저 봤어요. 마지막으로 테디의 가족 사항과 그의 모든 기록을 살펴보던 톰슨 선생님은 깜짝 놀랐어요.

테디의 1학년 담임선생님이 '테디는 아주 명랑하고 웃음을 잃지 않는 아이다. 할 일을 깔끔히 하고 행동이 타의 모범이 된다. 함께하는 것이 즐겁다'라고 기록해 놓은 것을 발견했기 때문이에요.

2학년 담임선생님은 테디의 생활기록부에 '아주 훌륭한 학생이고 모든 아이들이 그를 좋아한다. 하지만 그의 어머니가 심각한 질병을 앓고 있어 가정에 문제가 많다'라고 기록했어요.

3학년 선생님은 '어머니가 세상을 떠났기 때문에 커다란 충격 속에 어려움을 당하고 있으나, 최선을 다하고 있는 아이다. 그러나 그의 아버지는 아들에게 관심을 기울이지 않는다. 어떤 조처가 취해지지 않는다면, 그의 가정생활에 치명적인 손상을 입을 것'이라고 기록했어요.

4학년 선생님은 '학교를 자주 빠진다. 공부에 별 흥미가 없으며 친구도 많이 없다. 때때로 수업시간에 잠을 잔다'고 기록했어요. 테디에 대한 기록을 꼼꼼히 살펴 본 톰슨 선생님은 테디의 겉모습만 보고 판단했던 것을 미안하게 생각했어요.

그해 크리스마스, 톰슨 선생님은 모든 학생들로부터

예쁜 포장지에 리본까지 붙인 선물들을 받았어요. 하지만 선생님의 마음은 찢어지는 듯 아팠어요. 테디가 가져온 선물은 식료품 가게에서 음식을 담아주는 종이봉투로 둘둘 말은 것이었기 때문이었어요. 선생님은 예쁜 포장지로 싼 다른 아이들의 선물 상자들을 옆에 놓아두고, 테디의 선물을 먼저 뜯었어요.

선물을 열자 그 안에는 구슬이 몇 개나 빠진 팔찌와 절반쯤 담겨진 향수병이 있었어요. 아이들은 배꼽을 잡고 웃기 시작했어요. 그러나 선생님은 참으로 아름다운 팔찌라고 소리쳤어요. 그리고 향수병을 열어 그녀의 몸에 뿌리면서 냄새가 아주 좋다고 했어요.

테디는 그날따라 교실에 마지막까지 남아 있다가 선생님에게 말했어요.

"톰슨 선생님, 우리 엄마에게서 나던 냄새가 선생님께 나요."

톰슨 선생님은 테디를 꼭 끌어안고 한참을 함께 울었어요. 바로 그날부터 톰슨 선생님은 아이들에게 읽기와

쓰기, 수학보다 사랑을 가르치는 일을 시작했어요. 특별히 테디에게 많은 관심을 가졌어요.

선생님이 격려의 말을 하며 용기를 줄 때마다, 테디는 더욱 더 빠르게 발전하고 달라져 갔어요. 5학년이 끝나갈 무렵 테디는 그 반에서 우등생 가운데 하나가 되었어요.

테디는 점점 선생님들의 사랑을 독차지하는 아이가 되었어요. 그리고 톰슨 선생님은 이제야 모든 반 아이들을 똑같이 사랑할 수 있게 되었다고 느꼈어요.

1년이 지난 어느 날, 톰슨 선생님의 문 밑에는 쪽지 한 장이 놓여 있었어요. 그것은 테디가 쓴 것으로 '선생님은 내가 만난 선생님 가운데 최고의 선생님이었습니다'라고 적혀 있었어요.

6년이란 세월이 지난 후 테디로부터 또 다른 한 통의 편지를 받았어요. 편지에는 이제 고등학교를 마치게 되었고, 반에서 3등으로 졸업을 하였다는 이야기와 함께

'선생님은 내가 만난 선생님 가운데 최고의 선생님이었습니다'라고 쓰여 있었어요.

이로부터 4년이 지난 어느 날, 또 한 통의 편지가 왔어요. '지난 4년 동안 힘든 때도 많이 있었지만 있는 힘을 다해 학업을 계속해, 이제 수석이라는 영예를 안고 대학을 졸업하게 되었어요. 그러나 지금까지도 내가 만난 선생님 가운데 선생님은 최고의 선생님이셨어요'라고 쓰여 있었어요.

그리고 다시 4년이 지난 어느 날 톰슨 선생님은 또 한 통의 편지를 받았어요. 테디는 대학을 마친 후 공부를 계속했노라고 소식을 전했어요. 그런데 이번에는 편지 아래 적힌 테디의 이름이 조금 길어져 있었어요. 이름 뒤에 의사를 뜻하는 'MD'가 적혀 있었어요. 그 편지에도 '지금까지 만난 선생님 가운데 선생님이야말로 최고의 선생님이셨습니다'라고 했어요. 그리고 그의 이름 위에 멋있는 사인이 되어 있었어요.

이 이야기는 여기서 끝나는 것이 아니예요. 그다음 해 또 다른 한 통의 편지가 날아왔어요. '여자 친구가 생겨 결혼하려고 해요. 그런데 어머니도 아버지도 이미 세상을 떠나셨어요. 혹 선생님이 어머니를 대신해서 결혼식에 참석해 주실 수 있는지요. 간절히 바랍니다' 물론 톰슨 선생님은 즐거운 마음으로 그의 결혼식에서 어머니 자리에 앉았어요.

선생님은 그 옛날 크리스마스 때 테디에게 선물로 받았던 구슬이 몇 개 빠진 팔지를 끼었어요. 또 엄마 냄새가 났다고 했던 그 향수를 뿌렸어요. 그날 이 두 사람은 오랜 시간 서로 껴안고 있었지요. 테디는 선생님의 귀에 대고 이렇게 속삭였어요.
"나를 믿어 주셔서 감사합니다. 그리고 내 자신이 중요한 존재라는 것을 느끼게 해 주신 것에 대해 감사합니다. 그리고 나도 무엇인가 할 수 있다는 것을 깨닫게 해 주셔서 감사합니다."

그러자 톰슨 선생님은 눈물을 흘리면서 다음과 같이 말했어요.

"테디야, 그런 것이 아니야. 사실은 네가 나를 완전히 바꾸어 놓았단다. 너를 만나기 전까지는 사실 내가 무엇을 어떻게 가르쳐야 하는지를 몰랐단다."

• 〈테디에게서 온 세 통의 편지와 그 외의 이야기들〉 중에서

나를 지키는 가장 아름다운 방법

　이 이야기는 힘들어 하는 누군가에게 베푼 작은 관심과 사랑이 얼마나 큰 변화를 가져오는지 잘 보여 주는 이야기이지.

　주위를 둘러보렴. 친구들을 찬찬히 살펴보렴.

　버려진 강아지,

　죽어 가는 나무들,

　친구가 필요한 외로운 친구들,

　무언가에 상처받아 마음이 아픈 사람들,

　우리 주위에는 서로의 관심과 온기가 필요한 경우가 많이 있단다.

사랑은 어쩌면 거창한 것이 아니란다.

누군가를 필요로 하는 친구에게 건네는 따뜻한 말 한마디,

"괜찮니? 나랑 친구할까?"

네가 있어 좋다는 따뜻한 미소,

함께해도 좋다고 내미는 손,

힘들 때 등을 토닥여 줄 수 있는 작은 관심,

슬플 때 꼭 안아 줄 수 있는 마음,

작은 실수에 웃어 주고 믿어 주는 작은 배려들이 아닐까.

이런 작은 사랑과 관심은 상대뿐만 아니라 사실 나를 더 행복하게 만든단다.

마더 테레사 효과라는 게 있단다.

1998년 미국 하버드대학에서는 학생들을 모아놓고 한 가지 실험을 했지.

사람의 몸에는 면역체라는 것이 있는데 이 면역체는

우리 몸에 병균이 침입하면 우리 몸을 보호하기 위해 병균과 싸워 몸을 보호하는 역할을 한단다.

그런데 걱정이나 스트레스가 계속되면 우리 몸을 지켜 주는 면역체가 줄어든단다. 그런데 남을 위해 봉사활동을 하거나 혹은 그러한 일을 보기만 해도 우리 몸의 면역 기능이 크게 향상된다는 것을 실험을 통해 밝혀냈단다.

학생들의 면역체 수치를 조사한 후 사랑과 봉사의 상징인 마더 테레사의 일대기를 다룬 영화를 보여 주었는데 학생들의 면역체 수치가 실험 전보다 훨씬 높게 나타났단다.

그 후 교수는 자신의 연구에 마더 테레사 효과라고 이름을 붙였단다.

이 실험에서 알 수 있듯이 누군가를 돕고 사랑하는 모습만 보아도 우리 몸은 활기를 되찾고 건강한 힘을 낸단다. 그런데 누군가를 직접 돕거나 사랑한다면 우리 몸과 마음은 훨씬 더 활기차고 기쁨이 넘치는 상태가 되는 거

야.

이처럼 누군가를 사랑한다는 것은 어쩌면 상대보다 내게 더 좋은 일일 거야.

친구를 좋아할 때, 친구가 나 때문에 환하게 웃을 때를 떠올려 보렴.

생각만으로도 입가에 미소가 지어지지.

어쩌면 세상에서 가장 큰 선물은 우리 마음속에 있는 사랑이 아닐까.

또 우리를 지킬 수 있는 가장 소중한 것 역시 사랑일 거야.

상대를 진심으로 아끼고 사랑을 베푸는 사람을 어느 누가 함부로 하겠니.

우리 마음속에는 사랑이 있단다.
그 사랑은 우리를 지키고 성장시킨단다.
자신을 지킨다는 것은
안전한 곳에 꽁꽁 숨는 것이 아니라

사랑할 줄 알고, 사랑하며 사는 것이
가장 자신을 아름답게 지키는 것이란다.

5장

그 무엇보다
소중한 나

신들은 어디로 숨었을까?

옛날 옛날에 우리를 지켜 주던 네 명의 신이 있었어요.

존중의 신, 생각의 신, 거울의 신, 그리고 사랑의 신이었어요.

네 명의 신은 항상 사람들 곁에서 힘든 일이 있을 때마다 사람들을 지켜 주려 했어요.

그런데 사람들은 매일매일 신들에게 찾아와 말했어요.

존중의 신에게는
"날 존중하지 않는 사람들을 혼내 주세요."
생각의 신에게는

"세상에서 저를 가장 똑똑하게 만들어 주세요."

거울의 신에게는

"날 가장 아름답게 만들어 주세요."

사랑의 신에게는

"더, 더, 더 많이 사랑받고 싶어요."

네 명의 신들은 사람들의 소원을 들어주었지만 사람들은 오히려 싸우려고만 들었고 세상은 엉망진창이 되어 갔어요.

네 명의 신들은 점점 화가 났어요.

"자신이 존중받듯이 왜 다른 사람을 존중하지 않을까요?"

"왜 아무런 생각없이 행동하면서 일이 잘못되었다고 투덜댈까요?"

"왜 사람들은 자신의 외모만 비춰 보고 자신이 가진 장점이나, 아름다운 마음은 알려고 하지 않을까요?"

"왜 사람들은 사랑받으려고만 하고 사랑을 주려고는 하지 않을까요?"

생각의 신이 말했어요.

"이럴 바에는 우리가 없는 게 낫겠어요."

그러자 사랑의 신이 말했어요.

"하지만 우리가 사라지면 사람들은 절대 살아갈 수 없어요."

네 명의 신은 곰곰이 생각한 끝에 결정을 했어요.

사람들의 눈에는 보이지 않지만 사람들이 언제든 존중과 사랑, 생각과 자신을 비추는 거울을 꺼내서 쓸 수 있도록 사람들의 마음 깊숙한 곳으로 숨기로 했어요.

그리고 그 네 가지를 다 훌륭히 사용하는 사람들에게는 큰 선물을 주기로 결정했지요.

그런데 사랑의 신이 물었지요.

"그런데 우리가 마음속 깊은 곳에 있다는 것을 사람들

이 어떻게 알게 하지요?"

생각의 신이 대답했어요.

"걱정 말아요. 생각은 수많은 책 속에서, 사랑은 부모님을 통해서, 존중은 조건 없이 모든 걸 내어 주는 아름다운 자연을 통해서, 거울은 태어나는 모든 아이들에게 자신만의 장점을 선물하면 알 수 있을 거예요."

그 말에 다른 신들도 모두 고개를 끄덕였어요.

그렇게 세상에서 네 신들은 사라졌어요. 그 후로 사람들은 네 신을 눈으로 볼 수 없게 되었어요. 하지만 사랑, 생각, 거울, 존중은 모든 사람들의 마음속에 들어가게 되었어요.

신들이 사라지자 처음에 사람들은 너무나 혼란스러워했어요. 하지만 시간이 지나자 네 가지 소중한 것들이 마음속에 있다는 것을 깨닫게 되었고, 그것들을 하나둘 꺼내서 쓰게 되었어요.

부모가 된 어른들은 아이들을 사랑으로 돌보았고, 태

어나는 아이들은 그런 사랑을 보고 느끼며 자신들도 사랑을 배워 가게 되었어요. 그리고 수많은 책들을 읽으며 아이들은 점점 생각을 키워 가게 되었지요. 또 자신만이 가진 장점을 찾고 깨달아 가면서 자신이 어떤 사람인지 스스로 생각하게 되었고, 아무 조건없이 우리에게 주기만 하는 아름다운 자연을 통해 세상의 모든 생명은 존귀하고 존중받아 마땅하다는 것을 깨닫게 되었어요.

이렇게 마음속에 있는 네 가지 힘을 힘껏 사용하는 모든 사람들은 신이 약속한 선물을 받게 되었어요. 그건 바로 행복이에요.

행복은 쫓아가는 게 아니라, 서로를 사랑하고 존중하며 생각의 힘을 키우는 사람, 자신을 알고, 있는 그대로 사랑하는 모든 사람에게 선물로 주어지는 것이라는 것을 알게 되었어요.

하지만 아직도 그 네 가지 마음의 힘을 알지 못하는 사람들은 행복이라는 선물을 받지 못했어요.

그리고 사람들은 신이 알려주지 않았지만 깨닫게 된 것도 있어요.

바로 이 네 가지 힘은 사용하면 할수록 점점 더 커진다는 것이지요. 그리고 힘들고 어려운 일이 생길 때, 이 네 가지 마음의 힘이 우리를 지켜 내고 이겨 낼 수 있게 해 준다는 것을 말이지요.

네 마음의 소리에
귀를 기울이렴

1909년 노벨 화학상을 받은 독일의 물리학자 오스트발트는 위인이나 성공한 사람들의 두 가지 공통점을 발견했어.

바로 긍정적 사고와 독서였어.

긍정적 사고란 자신의 가능성을 믿고 행동하는 용기를 말해.

자신의 가능성을 믿는다는 것은 내 앞에 행복한 삶이 영원히 펼쳐질 거라고 믿는 게 아니라, 어떤 어려운 상황이나 힘든 일이 닥치더라도 나는 그것을 이겨 낼 마음의 힘이 내 안에 있다고 믿는 것을 말해.

또 독서는 우리에게 생각의 힘을 키워 주는 가장 좋은 수단이야.

수천 년, 수만 년의 시간 속에서 확인된 자연의 법칙과 미리 살아온 사람들의 지혜와 고민들이 그대로 녹아 있는 것이 바로 책이니까.

이 두 가지, 나를 믿는 힘과 독서는 서로를 도우며 네가 살아가면서 만나는 수많은 일들로부터 너를 지켜 줄 거야.

살다 보면 많은 어려움을 겪게 될지도 모른단다.
누군가 나를 존중하지 않을 수도 있고,
어떤 목표를 세워 최선을 다했지만
내 마음대로 되지 않는 일들도 있고,
내게 가장 소중하다고 여겨지는 것들이
사라지기도 하고,
도대체 내가 무얼 좋아하는지, 내가 무얼 잘하는지,
무엇을 해야 할지 모를 때도 있고,

아무도 내 마음을 몰라주는 것 같아
세상에 혼자 버려진 것 같은 느낌이 드는 순간도 있을 거야.

그럴 때 기억하렴.
너는 누군가에게 평가받아야 하는 사람이 아니라
그저 사랑받아야 하는 존재라는 것을,
진짜 사랑은 작고 연약한 것을 통해서
만날 수 있다는 것을,
아름다운 나를 만들어 내는 것은
목표를 달성해 내느냐가 아니라
최선을 다하는 그 자체라는 것을,
진짜 소중한 것은 눈에 보이지는 않아도
늘 내 곁에 함께한다고 느껴진다는 것을,
아직 나를 잘 모른다는 것은
만들고 싶은 아름다운 내 모습이
훨씬 더 많기 때문이란 것을,

어떤 경우라도 넌 혼자가 아니라는 것을.

진짜 우리를 지키는 힘은 바로 이런 것들이란다.
우리가 꿈꾸는 무언가를 해 나갈 때 두려움이 앞서거나
무언가 힘들고 혼자라고 느껴질 때,
내 안에 잠자고 있는 마음의 소리에 귀를 기울이렴.
네 마음 안에는 사랑, 행복, 기쁨, 용서, 꿈, 용기, 배려 같은 다 말하기도 벅찬 수많은 길잡이들이 있단다.
그리고 자신을 꼭 안아 주며
나 자신에게 이야기하렴.
"난 그 무엇보다 소중해."
"난 이것을 헤쳐 갈 마음의 힘이 있어."
"나에게는 사랑하는 힘, 존중하는 힘, 생각하는 힘이 있어."
"그런 내가 진짜 나야."

그리고

그 어떤 순간,
그 어떤 경우에도
난 소중하다는 걸 기억해.

네가 어떤 모습이든 어느 때든,
뒤에서 믿음으로 지켜봐 주는
사랑하는 엄마가 있다는 것도.
결코 혼자가 아니란 걸.